AF254141

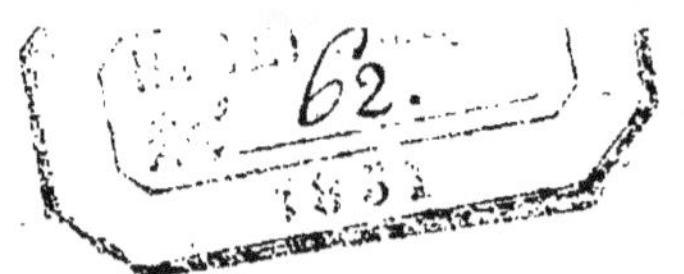

RÉPUBLIQUE POSSIBLE

ET

RÉPUBLIQUE PROBABLE,

PAR

M. Ch. Constant CAILLAUX.

RENNES,

IMPRIMERIE DE A. MARTEVILLE ET LEFAS, RUE ROYALE, 8.

1851.

RÉPUBLIQUE POSSIBLE

ET

RÉPUBLIQUE PROBABLE.

—◦◦◦—

> *Vous êtes souverains,* dit indistinctement le radicalisme
> à tous ceux qui l'entourent, par cela même que vous êtes
> hommes ; et il le crie si souvent et si fort qu'à son
> point de vue on devrait dire : non pas, telle femme est
> accouchée d'un garçon, mais telle femme est accouchée
> d'un souverain.... — Ou, il nous est né cette semaine tel
> nombre..... d'enfants. Fi donc ! en République, il n'y a
> plus d'enfants, il n'y a que des électeurs. Heureuse
> France ! tu ne périras pas faute de gouvernants.
>
> Cʜ. C. C.

———

Deux Républiques sont en présence :

La République possible,

Et la République probable.

Je ne classe pas celle que nous avons : celle-là, c'est, de
l'aveu de tous, la République impossible ; et peut-être est-ce
parce que telle elle est que nous courons la chance de la conserver quelque temps encore : nous autres Français, nous
sommes la nation des impossibilités.

Qu'est-ce que la République possible ?

En abordant cette question, je sens, je l'avoue, toute ma fai-
blesse. En effet, ce qui semble possible à l'un est complète-

ment inadmissible pour l'autre : il y a un abime entre Cavaignac et Ledru-Rollin, un abime plus infranchissable encore entre Ledru-Rollin et Blanqui; ce qui est folie pour les uns est raison pour les autres. On ne voit de toutes parts qu'architectes occupés à poser, chacun à sa manière et en riant de son voisin, les pierres de la moderne Babel, spectacle fort incohérent et passablement drôlatique, jusqu'au moment où les langues s'embrouilleront, et où le monstre architectural menacera de s'écrouler sur la tête des constructeurs.

Il est donc fort difficile, on le comprend, de définir ce qu'on entend par ces mots République possible. J'essaierai cependant, dans la limite de mes forces, de donner une couleur à ma pensée, sans prétendre imposer à personne mes convictions, sans esprit de parti, sans prédilections ni antipathies, mais avec le désintéressement le plus complet, et plein de cette croyance, qu'au temps où nous vivons, il est bon, il est nécessaire de se mettre par la presse ou la parole en communication d'idées avec tout ce qui se sent vivre et s'agite sous ce soleil républicain, tiède encore aujourd'hui, sous ce soleil qui demain, soit hasard, soit accident, soit force irrésistible des événements, peut transformer en laves le pavé de nos carrefours.

Je commence. -

Toute société, pour fonctionner, a besoin de deux leviers, richesse et capacité. Qu'on me pardonne de mettre la richesse en première ligne : il n'est que trop vrai que souvent elle prime la capacité, bien qu'en général elle n'en soit qu'une émanation, et, pour ainsi dire, la valeur représentative. Depuis que ce globe se meut, dans les temps anciens comme de nos jours, chez le Huron comme chez l'Européen civilisé, la richesse et la capacité ont été, sont et resteront les éléments vivifiants de toute organisation sociale. Celui qui invente soit une machine, soit une zagaie, et celui qui achète et paie soit en or, soit en peaux de martre, voilà les deux rouages sur lesquels tout repose. Autour d'eux et par eux tout se vivifie; sans eux et loin d'eux tout s'arrête, tout meurt. Faites que ces deux puissants rouages soient primés par les rouages d'ordre secondaire, que l'ignorance prenne le pas, que le mousse tienne le gouvernail, le charretier le timon de l'Etat, le manœuvre le niveau du maître, le soldat le même rang que le général, même en dehors du service auquel l'astreint sa vie militaire, et soudain l'incohérence se fait, le navire dévie, l'Etat s'embourbe, la colonnade s'affaisse, la discipline s'affaiblit, tout va mal. On s'aperçoit, mais un peu tard, que lorsque chacun se croit capable, personne ne l'est plus, et que la richesse inabordable à tous, et répartie entre les mains de quelques-uns, pourrait bien avoir sa raison d'être, voire même son utilité.

Nous en sommes là.

Est-ce à dire que toute tendance républicaine soit une chimère, en réalité ?

Nullement.

Il y a une République possible, République aristocratique, si vous voulez l'appeler ainsi ; car partout où il y a hiérarchie, l'aristocratie apparaît, et, pour ma part, j'avoue que je ne comprends pas la possibilité d'un gouvernement sans la nécessité d'une hiérarchie. Il y a une République possible, je l'ai dit, je l'affirme : il ne s'agit, pour l'organiser sur des bases stables, que d'avoir un peu moins de confiance dans l'infaillibilité des lumières qui peuvent venir d'en bas, et surtout assez de franchise pour convenir que l'ignorance et la misère, quelle que soit la cause de ces deux fléaux jusqu'ici inséparables de la condition humaine, peuvent, momentanément au moins, priver l'homme de la liberté d'esprit qui lui est nécessaire pour l'exercice rationnel de sa souveraineté ; il s'agit enfin pour l'orgueil humain, au lieu de chercher à passer le niveau sur les intelligences et les fortunes, de se résigner à accepter et à classer comme toujours, ou plutôt mieux que toujours, les influences de la richesse et les droits de la capacité.

Soit, me répondra-t-on. Nous vous laissons le champ libre ; nous acceptons vos conditions. Qu'il nous soit permis, toutefois, de vous faire remarquer dans quel dédale inextricable vous vous engagez. Pour ce qui est des influences de la richesse, elles sont irrécusables : l'opulence est la source de laquelle découlent par mille canaux l'activité, le travail, la vie. Il est entendu que nous ne parlons ici que de l'opulence bien comprise. S'il existe des exemples d'une opulence qui fasse le vide autour d'elle, ils sont rares; s'il est des riches qui enterrent leur or ou qui négligent de faire couper leur bois pour ne pas payer la main-d'œuvre, on les compte. A l'opulence dont il s'agit, il est juste qu'en échange des services qu'elle rend par le fait même de sa haute position, en échange du bien-être volontaire ou non qu'elle répand sur les masses, il soit reconnu de prime-abord des droits. Il serait plus qu'étrange que l'homme qui occupe trois cents ou cinq cents ouvriers, qui a le secret de faire assez d'or pour le répandre journellement, toute philanthropie à part et même en gardant pour lui la part du lion, sur trois cents ou cinq cents têtes, il serait plus qu'étrange qu'un pareil homme ne fût pas doté par les lois de l'État d'une portion de droits équivalente à l'aide qu'il lui prête; il serait plus qu'étrange que l'industriel qui met de fortes sommes en circulation, le laboureur qui emploie un nombreux personnel, l'oisif même qui paie au Trésor de grosses impositions, n'obtinssent pas, en dédommagement de leurs entreprises, de leurs risques, de leurs déboursés, ce qu'un Gouvernement peut concéder à tout citoyen qui l'aide dans une large proportion à l'accomplissement de ses devoirs, des droits, droits incontestables. Soit ! nous confessons que l'influence de la richesse ne saurait être réduite à zéro, et que, bon gré mal gré, il faut lui faire, dans un État, une position en rapport avec l'importance des services qu'elle rend, ou du moins qu'elle peut rendre. Il est facile, du reste, de la classer et de la reconnaître : elle se décèle d'elle-même par le bruit qui se fait autour d'elle, et d'une façon plus certaine encore par le bordereau du percepteur. Elle est palpable, visible à tous; elle se traduit en terres, maisons, fabriques, usines, coupons de rente, qui seront un jour, espérons-le, atteints par l'impôt; elle est à la portée de quiconque sait poser une addition. On peut donc, mathématiquement, délimiter ses droits; nous l'admettons.

Mais la capacité et ses nuances infinies, à quel signe la reconnaître? De quelle façon la classer? D'après quelles données l'immiscer au gouvernement de l'État? Expliquez-vous, nous écoutons.

Je m'explique :

La capacité n'est pas, à mon avis, plus insaisissable que la richesse. Comme elle, elle a ses classifications; et, bien que souvent elle ne soit pas cotée au grand-livre, son influence ne se révèle pas moins que celle du propriétaire opulent ou de l'industriel heureux.

Entrons dans cet atelier; qu'y voyons-nous?

Si c'est une imprimerie,

Une fabrique de tissus,

De tapis,

D'ébénisterie,

Si, un aréopage de tailleurs,

Un cénacle de cordonniers;

S'il s'agit d'une fonderie,

D'une raffinerie,

D'un atelier de mécaniciens pour la fabrication des wagons,

Ou de charpentiers pour la construction des navires;

Si nous franchissons le seuil d'une école de sculpteurs voués à l'ornementation de nos édifices,

Ou une académie de peintres habiles à perpétuer le souvenir des gloires de la patrie,

Que voyons-nous toujours, partout?

Prote, directeur, contre-maître, chef d'atelier, de quelque

nom qu'on l'appelle; nous voyons à chaque pas se dresser devant nous l'homme de capacité , celui qui surveille , dirige , enseigne, calcule, démontre, et au besoin exécute, sous l'œil attentif de ses subordonnés, les plans, devis, dessins, qu'il a conçus lui-même ou qu'il tient de la conception du chef suprême, dont il est l'interprète et le bras.

Voilà ce que nous apercevons , je ne dis pas partiellement , par hasard ou exception , mais partout autour de nous : sous les mâts du vaisseau qui fend l'onde comme sous la lampe de la chambrée qui termine sa tâche de chaque jour, à la ville comme aux champs, en France comme à l'étranger. Oui, partout où se trouvent des hommes rassemblés au nom du travail, préside une intelligence supérieure, reconnue, acceptée, classée, légalisée, pour ainsi dire, et dont peut connaître le titre et la fonction quiconque prend la peine , soit de visiter un atelier, soit de consulter les ouvrages qui traitent spécialement des métiers utiles ou des arts glorieux. Ainsi donc, la capacité existe d'une manière visible; ce n'est point un fantôme, un mythe, une chimère : elle se décèle par ses actes, elle se reconnaît aux fonctions qu'elle exerce. Elle est palpable dans l'armée , sous le brillant uniforme du général en chef comme sous l'humble baudrier du simple caporal, dont on a tant ri, et qui ne rit pas, lui, et a raison de ne pas rire quand on semble mettre en question son importance; elle est palpable dans la magistrature, sous la toge du procureur-général comme sous celle du moindre suppléant auquel elle fait moins défaut parfois, peut-être, que l'impartialité; elle est palpable dans le barreau , subtil jusqu'au merveilleux ; elle est palpable dans les corps savants, qui, faute d'une assez grande cornue seulement, se résignent à ne pas passer à l'alambic la création tout entière.

Si nous descendons d'un degré l'échelle des intelligences, elle est également palpable dans les métiers utiles. Je l'ai dit : les imprimeurs ont leurs protes, les filateurs, les mécaniciens, les fondeurs, etc...., tous les corps d'état, leurs contre-maîtres ou chefs d'ateliers. Elle est palpable dans nos villes, partout où se trouve une nature virile qui entreprend ou fait exécuter ; elle est palpable dans nos campagnes, partout où de robustes épaules prennent le faix et les appréhensions d'un fermage et en dirigent l'exploitation ; elle est palpable sous les portiques de nos écoles, où les diplômes ne s'achètent pas ; sous les drapeaux de nos régiments, où l'avancement n'est dû qu'au mérite ou à la persévérance (et la persévérance est aussi un mérite); sous les pavillons de nos vaisseaux, dans la personne du capitaine, comme aussi, toute proportion gardée, dans celle basanée du calier.

Elle est palpable partout où il y a une loi à expliquer, un texte à rétablir, une découverte à compléter, un réglement à faire observer, des droits à garantir, des usages à conserver, des propriétés à défendre, des voies à ouvrir, des canaux à creuser, des collines à aplanir, des vallées à combler, des côteaux à reboiser, des torrents à encaisser, des marais à dessécher, des continents à relier, des océans à traverser, des dangers à braver, des peuples à civiliser, des déserts à peupler et la mort à affronter.

Elle est palpable à toute heure, la nuit, le jour, sous toutes les latitudes ; partout où s'étend le domaine de l'homme ; partout où l'esprit agite la matière, où l'industrie appelle la réflexion, où la méditation enfante la prière.

Si donc nous admettons, d'une part, que la richesse a des droits, non pas seulement d'abord parce qu'elle est la richesse, et que, comme telle, elle remplit dans l'Etat une fonction de circulation importante, mais aussi parce que, le plus souvent, elle implique nécessairement un esprit cultivé et le don de réflexion, soit qu'elle incombe à des hommes de loisir, soit qu'elle soit le fruit de hardies entreprises ou de spéculations aventureuses ;

Si, d'autre part, nous ne pouvons disconvenir qu'il y ait, pour la capacité, des signes caractéristiques auxquels elle se reconnaît, des actes par lesquels elle se produit, des fonctions qu'elle remplit toujours et partout, en haut comme en bas, dans les régions supérieures de la pensée comme sur les échelons les plus infimes de la société ; si nous reconnaissons (et comment ne pas le reconnaître ?) qu'elle est saisissable dans tous ses rapports avec l'ordre existant, qu'elle a ses positions assignées, ses dénominations particulières, sa haute paie même ; si nous admettons ensuite (et comment ne pas l'admettre ?) que la société n'est tenue à accorder des droits qu'à ceux qui sont capables d'en comprendre la portée et d'en user sciemment, à ceux qui sont majeurs par l'intelligence, pour ainsi dire, et qui le *prouvent* par des actes positifs (car la société n'est tenue à rien de pareil envers les intelligences inutiles ou incomprises), ou à ceux qui, sans aucune supériorité marquée, ont cependant celle de la fortune, qui est au corps social ce qu'est le sang à l'économie animale ; si nous admettons tous ces points, et ils nous paraissent tellement raisonnables, que nous croyons fort difficile de leur opposer une objection fondée, nous voyons se dégager du nuage la République que je juge possible, la République que je nommerai hiérarchique, que d'autres flétriront de l'accablante et impardonnable épithète d'aristocratique, la République des intelligences, contrairement à celle des appétits, dont nous possédons les éléments et qui menace de tout engloutir.

C'est ici le cas de dire quelques mots d'une question qui depuis Février passionne tous les esprits et défraie, aujourd'hui plus que jamais, les colonnes des journaux qui font tour à tour du problème de sa solution une ancre de salut ou une menace de brandon. — Je veux parler du suffrage universel.

On doit préjuger, d'après ce qui précède, notre opinion sur l'universalité du suffrage : — nous l'exprimerons tout entière ; mais avant de poursuivre, qu'il nous soit permis, dans l'intention de couper court à toute fausse ou perfide interprétation, comme aussi pour satisfaire aux exigences de l'honneur qui aime les situations nettes et tranchées et surtout pour rassurer la bienveillance ombrageuse de quelques rares amis, de parler de nous aussi succinctement que possible, afin qu'il ne reste sur nos tendances, sur nos sympathies aucune ambiguïté : —c'est le moyen de conquérir, sinon l'adhésion, du moins l'estime de tous.

Nous étions républicain avant la République.—Il n'est guère d'exaltation démocratique que nous n'ayons partagée. Notre dévouement à la cause du progrès a été sans bornes comme notre croyance. — C'est assez dire que tel nous étions autrefois, tel nous sommes encore aujourd'hui (il y a de ces convictions que rien ne saurait déraciner), avec cette différence toutefois, que si le but pour nous est le même, les moyens pour arriver à ce but ont subi au contact de nos réflexions une transformation qui nous met en opposition directe avec le radicalisme de l'époque.

Le radicalisme dit à l'homme :

« Tu nais souverain ; tu peux dater tes prétentions gouvernementales du jour où ta mère, à bout de douleurs, t'a mis au monde. Tu as été élevé dans la pauvreté, et tu as grandi dans l'ignorance ; qu'importe ? *Tu es souverain.*

» Tu es incapable de t'arrêter à une idée raisonnée sur les hommes et les choses qui t'entourent. Ton esprit est obtus, et c'est à peine si tu sais discerner ta droite de ta gauche ; ou ton cœur est dépravé, et toute ta personne sue la débauche, et, de plus, tu n'as su ni conquérir un pouce de terrain sur ce sol que Dieu a donné à tous, *mais en proportion de leurs aptitudes et de leurs œuvres,* ni même conserver ce que tu tenais de tes pères ; tu n'as, en un mot, aucune garantie à présenter, aucun intérêt à défendre ; qu'importe ? *Tu es souverain.*

» *Tu es souverain.* Comprends-tu ? C'est-à-dire que toi, pauvre manœuvre, auquel la Providence, dans ses décrets impénétrables, a donné des bras et un estomac et refusé un cerveau ;

toi, débauché fétide qui n'as ni l'énergie de sortir de ta fange, ni la volonté d'être utile; toi, dissipateur persévérant, qui ne tiens plus au sol que par le souvenir de tes folies passées et les appétences de ton insatiable voracité; vous tous qui, par tempérament ou par position, êtes forcément les esclaves de vos passions ou de l'ignorance, ce poison qui résistera long-temps encore, quoi qu'on ose, aux tentatives faites pour en paralyser les effets, vous avez le droit de faire et défaire les Gouvernements; vous êtes les arbitres des lois, les dispensateurs de la paix et de la guerre. C'est-à-dire, enfin, que, par une illusion dangereuse, bien qu'elle ait sa source dans une extrême générosité, ceux qui prônent cette théorie, et qui, hélas! ne veulent pas cesser d'y croire, vous jugent aussi intelligents qu'eux, et se figurent que le cœur humain est tellement vaste, tellement magnanime, qu'il suffit de reconnaître à l'homme des droits pour qu'il en comprenne aussitôt la portée et en use avec sagesse et modération.

» *Vous êtes souverain*, dit indistinctement le radicalisme à tous ceux qui l'entourent, par cela même que vous êtes hommes; » et il le crie si souvent et si fort qu'à son point de vue, on devrait dire, non pas telle femme est accouchée d'un garçon, mais telle femme est accouchée d'un souverain,... ou, il nous est né cette semaine tel nombre..... d'enfants?.... Oh! fi donc! sous la République, il n'y a plus d'enfants; il n'y a que des électeurs. — Heureuse France! tu ne périras pas faute de gouvernants!

Voilà, en somme, la théorie du radicalisme.

Voici la nôtre :

L'homme n'apporte, en naissant, qu'un droit, celui de se plaindre, et il en use largement. Il ne lui suffit pas de naître pour être souverain et décider du sort des empires (nous ne consentirions jamais à mettre sur la même ligne l'homme de génie et le crétin); il faut encore qu'il prouve par ses actes qu'il est digne de la souveraineté. En supposant même que ce germe de souveraineté existe également dans tous les cerveaux, on conviendra du moins qu'il se développe inégalement, et porte des fruits différents. C'est à ces fruits que nous reconnaîtrons ceux qui sont dignes de la souveraineté; c'est à ces fruits que nous les jugerons.

Au fils du prolétaire, nous dirons :

Voici la carrière ; travaille et élève-toi !

Au fils du riche, nous dirons :

Jouis et conserve !

Et nous tiendrons, pour le fils du prolétaire comme pour le fils du riche, des droits en réserve, à condition qu'ils soient tous deux, chacun dans sa sphère, à la hauteur de nos espérances ; le premier en s'élevant dans la hiérarchie des travailleurs, le second en venant en aide à l'État, en conservateur vraiment digne de ce nom, par l'impôt et le noble emploi de sa fortune. Nous ne reconnaissons de souveraineté innée à aucune créature mortelle. Tout ce que l'homme possède en propre, il l'acquiert ou l'a acquis par son travail et son intelligence, et s'il est un seul droit, celui de propriété, dont l'enfant puisse être investi dès le moment qu'il vient à la lumière, c'est que cet enfant est censé avoir vécu dans la personne de son père ou de son parent, dont il continue la tradition de lutte victorieuse et de triomphant labeur. — Qu'on ne vienne donc pas nous dire qu'on naît souverain comme on naît nerveux ou lymphatique, bilieux ou sanguin. On peut le devenir, soit, en se rendant digne de ce titre par ses œuvres. — Tous les degrés de l'échelle sociale, nous l'avons prouvé, ont des couronnes pour la suprématie de l'intelligence et la mansuétude du cœur. — On peut le devenir, dis-je, rien de plus. — L'homme, soit qu'il s'élance dans la vie, soit qu'il disparaisse dans la mort, ne porte au front qu'un signe, et ce n'est pas celui de la souveraineté, mais bien plus souvent celui de la déchéance, de la tristesse et de la douleur.

On comprend que, de ce point de vue, le suffrage universel

ne saurait avoir nos sympathies. Nous ne croyons nullement que les nations soient arrivées à leur majorité, selon l'expression des radicaux ; nous ne croyons nullement que les intelligences éclairées l'emportent en nombre sur celles qui ne le sont pas ; nous ne croyons nullement que la tutelle que les premières ont la prétention d'exercer soit une tyrannie ; nous ne croyons nullement au gouvernement des masses confuses, aux gouvernements d'en bas, aux gouvernements sans délégations et autres folies à l'ordre du jour. — Tout cela est pour nous lettre morte, et s'il est un funeste présent qu'à nos yeux les vrais républicains, gens de cœur pour la plupart, sans doute, mais d'illusion surtout, aient fait à la République, c'est, à notre avis, le suffrage universel. Le suffrage universel, c'est le germe de mort déposé dans le fruit qui ne demandait qu'à mûrir, c'est le ver qui nous ronge au cœur et qui tuerait le progrès, si le progrès pouvait périr.

Sous prétexte de le réglementer, on l'a sapé maladroitement ; à quoi a-t-on abouti ? A le faire plus frénétiquement demander par l'ambition de quelques meneurs qui, posant devant la multitude (je ne dis pas la vile multitude, mais la multitude ignorante), lui crient sur tous les tons qu'elle est lésée, et font tant, des gestes, de la plume et de la voix, qu'il ne serait point surprenant de voir, à un jour donné, le peuple, en dehors de tout sentiment d'ordre et de discipline, réclamer ce qu'il croirait être un droit inaliénable, l'obtenir de nouveau, s'en servir, en mésuser et se suicider, momentanément du moins, en se précipitant dans quelque extrême. — Puissent nos prévisions ne pas se réaliser !

Oui, en donnant de prime saut au peuple le suffrage universel, les gouvernants de Février ont compromis leur œuvre. — Je n'en veux, pour preuve, que les deux Chambres qui se sont succédé depuis cette époque. — Loin de moi la pensée d'attaquer la validité de leur mandat. Il suffit qu'un pouvoir soit légalement constitué pour qu'il ait droit au respect même de ses adversaires ; mais, de bonne foi, dans la Constituante comme dans la Législative , où donc trouver l'élément républicain? Vous avez beau faire et beau dire , citoyens de la gauche, il est noyé dans l'élément royaliste...., C'est là un des incroyables effets , un des pittoresques phénomènes de votre suffrage universel, vous ne le nierez pas, de ce suffrage confus qui , en définitive , ne vous a fourni , sous la République , en deux circonstances solennelles , qu'un appoint si inférieur à celui de vos adversaires politiques, que, désespérant d'en finir avec les abus du passé par la légalité et saisissant avidement le prétexte de la loi du 31 mai, vous êtes tentés de vous rejeter dans l'agitation. — Vous avez tort. — Les prochaines élections, légalement accomplies avec la réduction d'effectif exigée par la loi contre laquelle vous vous élevez avec tant de violence, et à propos de laquelle vous jetez une clameur si haute, ne vous donneront pas, soyez-en convaincus, des résultats bien différents de ceux obtenus jusqu'à présent. La composition des masses sera la même, à peu de chose près ; vous serez toujours battus , battus comme devant. — « Les ouvriers des villes, vous écriez-vous, formaient nos majorités, et c'est sur eux spécialement que porte la défalcation opérée par la loi du 31 mai !»

Les ouvriers des villes formaient vos majorités ? Oui, à Paris et dans quelques départements manufacturiers; mais ailleurs, mais dans les trois quarts de la France, la masse ouvrière était et est ce qu'elle sera long-temps encore, indécise, indifférente, routinière, habituée au passé, peu accessible à la politique et à l'instruction , tant qu'il lui faudra travailler pour manger (nécessité dont aucune Constitution ne la déchargera), et envisageant toutes choses à un point de vue d'exclusion dont le parti républicain n'a point eu à se louer, ce me semble.

Or, que penser de ce dogme de la souveraineté du peuple ainsi compris par la majorité, sinon que ce dogme est en réalité trop vaste pour l'universalité des intelligences de notre temps, et qu'il contient, confusément modifié, comme au 31 mai, ou non modifié, comme en Février , pour les tenants du véritable progrès, du progrès généreux et raisonné de nouvelles, de funestes défaites ?

Je ne sais ce que la Providence réserve aux nations de l'avenir : peut-être viendra-t-il une époque où tous les hommes seront également aptes à juger, à définir, à passer au crible de leurs méditations tous les programmes qui leur seront soumis, à ne se tromper ni sur les individus, ni sur les choses. Dieu est grand, et tout lui est possible. Mais il s'en faut que cette époque soit arrivée ; et j'affirme, dans toute la sincérité de ma conscience, après réflexion, et au souvenir de ces assemblées bruyamment confuses et tristement risibles, qui, en général, n'ont pas traité les républicains en amis, et qui, sous le nom de réunions électorales, nous présentaient presque partout l'image du chaos, que le mot souveraineté-peuple ne signifie pas souveraineté-nombre, souveraineté-bruit, souveraineté-injustice, souveraineté-déception, ainsi que les radicaux ont pu s'en convaincre et s'en convaincront encore peut-être; souveraineté-mensonge, souveraineté-farce, souveraineté-parade, etc. etc... Mais bien plutôt souveraineté-calme, souveraineté-intelligence, etc.... J'affirme enfin que celui qui n'a su ni conserver, ni acquérir, ni s'élever du plus mince échelon dans les catégories des professions libérales, des arts glorieux, ou des métiers utiles au dessus du niveau le plus vulgaire, n'est point apte à donner au vaisseau de l'État une salutaire impulsion.—Que le radicalisme prêche le contraire, soit! C'est son droit dans ce temps de libre examen, et cela prouve son abnégation, ou plutôt son peu de clairvoyance. Il ne parviendra jamais, toutefois, à nous faire croire qu'il vaille mieux, pour le bonheur de tous et la vitalité du progrès, dépendre du nombre à sa dernière puissance que de la capacité à tous ses degrés.

De cette conclusion à la République, que je crois possible, il n'y a qu'un pas ; je le franchis.

Qu'est-ce que la République possible ?

La République possible est celle qui prendrait pour devise :

Hiérarchie, unité.

— Qu'entend-on par ce mot hiérarchie?

On entend par ce mot le classement de toutes les capacités d'après l'importance de leurs fonctions et l'utilité de leurs œuvres.

— Qu'entend-on par cet autre mot, unité?

On entend par ce mot la concentration en un pouvoir unique de tous les pouvoirs délégués à divers titres aux diverses capacités.

— Qu'avons-nous présentement en fait de hiérarchie?

La souveraineté du nombre.

— Et au lieu d'unité?

L'antagonisme des pouvoirs.

— Que faudrait-il faire pour ramener la République à sa véritable devise?

Une simple opération d'arithmétique : retrancher à la droite du nombre en conteste autant de zéros qu'il y a d'incapacités électorales, puis, avec le reliquat, constituer une Chambre unique réunissant entre ses mains tous les pouvoirs, et épurée par une triple élection.

Comment procéderait-on à cette triple élection?

Rien de plus simple :

On arrêterait, dans chaque arrondissement, la liste des électeurs, non pas comme l'a voulu la loi du 31 mai, en se basant aveuglément sur l'immobilisme, mais d'après les idées exposées plus haut.

Toute fonction élevant du plus mince degré le titulaire au dessus du niveau commun;

Toute distinction se traduisant par un diplôme ou par une patente, ayant pour couronnement un académicien ou un contre-maître, Arago ou un simple métayer de Bretagne, Louis-Napoléon ou le dernier patron de barque de nos côtes;

Tout acte enfin emportant ave lui idée de suprématie, de commandement, de tutelle, de surveillance;

Tout titre investissant le possesseur du droit de propriété et lui imposant, par conséquent, la nécessité d'être utile, seraient autant de signes au moyen desquels il serait facile de reconnaître l'aptitude des prétendants à l'électorat, et de rendre à la démocratie sa véritable signification.

Seraient donc souverains :

L'église, par ses dignitaires ;

L'administration, par ses employés ;

La richesse, par ses propriétaires ;

La haute industrie, par les fabricants, contre-maîtres, chefs d'ateliers ;

Le simple négoce, par les patentés, premiers commis ;

L'agriculture, par les métayers ;

La science, par les diplômés de tout genre ;

L'armée, par les officiers de tous grades ;

L'art, par les maîtres de toutes les écoles, proclamés tels par leurs rivaux réunis en jury, mais en jury où ne seraient admis que ceux qui se recommanderaient par quelque œuvre antérieurement classée ;

Le courage, le dévoûment, la vertu, par les décorés de toutes promotions.

Le nombre des électeurs serait encore assez considérable, on le voit, et nous aurions alors véritablemet les comices de l'intelligence.

Ces comices, ainsi constitués dans chaque arrondissement, auraient pour mission d'en élire les conseillers ;

Ces conseillers, réunis au chef-lieu du département, éliraient à leur tour parmi eux les conseillers généraux ;

Puis les conseillers généraux choisiraient aussi parmi eux le représentant du département ;

En dernier lieu, les quatre-vingt-sept représentants des dé-partements de la France éliraient dans leur sein le conseil des ministres et le président de la République chargé du pouvoir exécutif, qui, n'étant qu'une émanation de leur volonté suprême et un reflet de leur intelligence passée au creuset d'une triple élection, n'entrerait certes pas en lutte avec ceux dont il tiendrait son mandat et dont il ne pourrait être que la saillie spiritualisée, pour ainsi dire, par les phases épuratrices d'une quadruple épreuve.

Avec eux, il monterait au pouvoir ; avec eux, il s'y main-tiendrait ; avec eux et comme eux, il conserverait en en des-cendant au bout de sept ou dix années, selon la limite consti-tutionnellement fixée, les chances de réélection qu'on ne sau-rait retirer sans injustice à celui auquel on n'a à reprocher que sa popularité.

Telle serait, à notre avis, la République à l'abri de laquelle des réformes véritables auraient chance de s'opérer ; telle se-rait, si nous ne nous abusons, la République possible (1) :

Hiérarchie, unité !

(1) Le Gouvernement ainsi constitué, nous ne voyons pas réellement quelles causes pourraient l'empêcher de fonctionner. Il serait de toute impossibilité que la Chambre ne fût pas l'élite de la France, et en admet-tant même que, par suite d'influences presque inadmissibles, les comices électoraux se laissassent entraîner à nommer sciemment des hommes qui ne représenteraient pas l'esprit du pays ; qu'en résulterait-il ? Rien de plus qu'une expiation à terme, comme le mandat des députés nommés. — Tout abus entraîne avec lui l'expiation, c'est la loi. — Le pays expie-rait donc pendant sept ou dix ans ses erreurs électorales, — et, assuré-ment, cette expiation à laquelle nous aurait vouée la partie intelligente de la nation serait moindre et surtout moins à appréhender que celle qu'atti-rerait inévitablement sur nous l'aberration des masses ignorantes, usant à leur manière du suffrage universel illimité.

D'autre part (et ceci est pour répondre d'avance aux objections des

Le secret de tous les gouvernements stables, monarchies ou républiques, est là. — Il faut que la Chambre puisse dire comme Louis XIV : La France, c'est moi !

Or, pense-t-on qu'aujourd'hui il y ait lieu pour elle de parler de la sorte ? Avec la meilleure volonté du monde, nous ne le croyons pas.

Nous admettons plutôt qu'elle serait en droit de s'écrier : La confusion, c'est moi !

En peut-il être autrement ? Assurément non. Sept millions d'électeurs sur huit, votant sans savoir pourquoi ni comment..... ce n'est pas là l'esprit de la France.

Je me résume :

Consécration, par le droit de vote, de la richesse, et de la capacité d'après les données ci-dessus émises ;

Election des représentants épurée par une triple épreuve ;

Présidence déléguée par la Chambre à un mandataire émanant d'elle-même ;

Unité en tout, hiérarchie partout.

Telle serait la formule au moyen de laquelle nous pensons qu'on pourrait constituer, en France, une République viable ; une République qui ne serait pas un assaut perpétuel où tous

monarchistes, entre les mains desquels les mots « convention, absolutisme d'un pouvoir indissoluble » sont souvent des armes fort adroitement employées) cette expiation attirerait assurément sur nous moins de maux que quelques années du règne de tel ou tel monarque, parmi ceux qui, depuis le sanguinaire Clotaire Ier jusqu'au débauché Louis XV, nous ont montré la grandeur royale aux prises avec les passions les plus détestables ; et de plus elle aurait, sur les expiations monarchiques, l'avantage d'être restreinte, comme nous l'avons dit, à sept ou dix années, terme au bout duquel les comices électoraux, rentrant dans l'exercice de leur souveraineté, seraient à même de reconnaître leur erreur et de la réparer dans de nouvelles et sincères élections.

les rangs sont confondus, toutes les inégalités indiquées par
la nature et sanctionnées par l'usage, mises en suspicion;
une République qui ne rangerait pas sur la même ligne, pour
en faire litière à représentants et matière à souveraineté, tout
ce qui se meut, raisonne et déraisonne sur ce coin de terre
qui est la France, coin de terre qui, sanctifié par l'intelligence
et l'abnégation, ou bouleversé par la brutalité des passions
les plus orgueilleuses et les moins justifiées, peut devenir,
selon la circonstance, foyer de lumières ou abîme de ténèbres.
— Telle serait, nous le croyons, la République possible.
L'aurons-nous?

Hélas! pour qui voit les choses froidement, cette hypothèse
n'est guère admissible.

Suffrage universel! clament les uns;

Suffrage restreint! disent les autres.

Qui donc s'écriera : Suffrage raisonné et raisonnable!

Je l'ai dit, je le répète : le suffrage, tel qu'il a été compris
et accordé par les gouvernants de Février, est un fléau dé-
chaîné sur la République. — Ses conséquences ont été, jusqu'à
ce jour, anti-républicaines; elles peuvent devenir d'un instant
à l'autre anti-humaines.

Je conseille à ceux qui en douteraient de lire une fable de
La Fontaine, intitulée : *La Tête et la Queue du serpent*. C'est
bien vieux, sans doute, bien suranné; ce n'est pas à la hauteur de notre temps; cela sent son bonhomme : d'accord; mais
il faut bien convenir que, pour qui a observé la masse, c'est
encore vrai.

La masse, c'est encore aujourd'hui, en dépit des lumières
qui nous inondent au point de nous aveugler, cette queue dont
parle le fabuliste. Elle a entrepris de conduire la tête; elle y
parvient, et elle se frappe

.... Contre un arbre,
Contre un passant, contre un marbre, etc.....

Tant elle fait

> Qu'à l'abîme elle conduit sa sœur ;
> Malheureux les états tombés dans son erreur !

dit en terminant le moraliste, — et il a raison.

Arrêtons-nous et tirons le rideau ! Nous ne parviendrons pas à le tirer assez hermétiquement pour ne pas apercevoir, par un coin du tableau, nonobstant la loi du 31 mai, qui n'est qu'une restriction et non une réforme, la République probable.....

Rennes, 2 octobre 1851.

CH. CONSTANT CAILLAUX.

P. S. Au moment où nous allions mettre sous presse, il nous revient de toutes parts que le chef du pouvoir exécutif, usant de son initiative parlementaire, se propose de soumettre à l'approbation de la Chambre, à sa rentrée en séance, un projet de loi ayant pour but l'abrogation complette de la loi du 31 mai et le rétablissement du suffrage universel illimité.

Ainsi, voici qu'aujourd'hui, se retournant vers le principe de la souveraineté native, le Président prétend faire prévaloir l'autorité du nombre sur celle de l'intelligence ! Y parviendra-t-il ? Momentanément, peut-être... et jusqu'au jour où, d'aberrations en aberrations, de douleurs en douleurs, le peuple lui-même, à bout de rôle, comprendra et avouera son impuissance; mais, avant qu'il ne la comprenne, avant surtout qu'il ne l'avoue, quel cercle de misères à parcourir!

L'occasion est belle cependant, et ce serait pour un Napoléon le cas ou jamais de sortir du lieu commun démocratique et de tenir à la France un noble langage, en posant la faculté de participer au gouvernement non comme un droit inhérent à l'espèce, mais comme une récompense accordée aux mérites de l'individu. La loi du 31 mai exige des modifications; elle est basée sur l'immobilisme; transformez-la largement et sans arrière-pensée dans le sens de la prédominance des capacités, et la question aura fait un grand pas. — A notre avis, elle sera vidée ou peu s'en faut.

Il nous semble que si, du haut de la haute position qu'il occupe, le neveu de l'homme qui a été, dans les temps modernes, l'incarnation et la glorification de la capacité poussée à sa dernière puissance, s'adressait dans cet esprit à la loyauté du peuple français, il aurait grande chance d'être écouté et de voir se grouper autour de la vérité dont il serait le représentant, tout ce qu'il y a d'hommes sensés en ce pays. — Mais non! pour éviter ce qu'on croit un mal, une non-réélection..... on préfère se rejeter dans un pire, le suffrage illimité.... On s'abuse, on s'abuse étrangement, cruellement, déplorablement; et, durant toutes ces divisions des partis en lutte, la France souffre et se consume....

www.ingramcontent.com/pod-product-compliance
Lightning Source LLC
Chambersburg PA
CBHW051420060726
47596CB00005B/2300